This book belongs to:
Ta książeczka należy do:

———

All Rights Reserved

Bobiboo Baby Publishing

HOME
DOM

cat
kot

mouse
mysz

tortoise
żółw

lizard jaszczurka	dog pies
rat szczur	guinea pig świnka morska

hamster chomik	rabbit królik
parakeet papużka	goldfish złota rybka

GARDEN
OGRÓD

cricket
konik polny

bee
pszczoła

crow
kruk

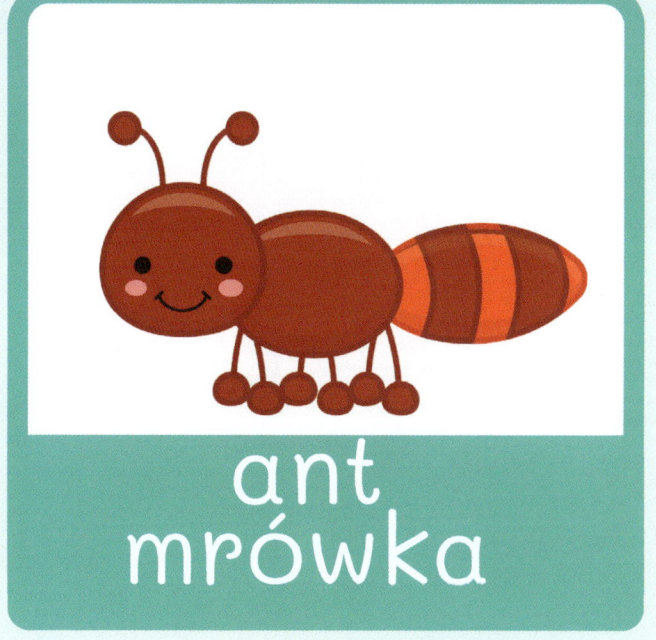

caterpillar gąsienica	ant mrówka
butterfly motyl	ladybug biedronka

spider pająk	snail ślimak
worm robak	frog żaba

mole / kret	dragonfly / ważka
toad / ropucha	snake / wąż

FARM
FARMA

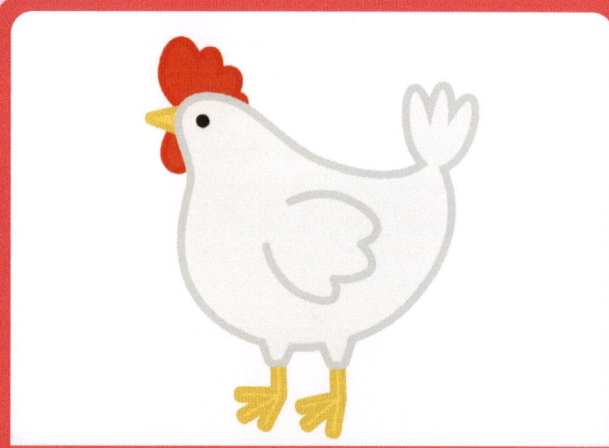

hen
kura

duck
kaczka

cockerel
kogut

goat koza	donkey osioł
cow krowa	horse koń

turkey
indyk

sheep
owca

goose
gęś

pig
świnia

**FOREST
LAS**

fox
lis

deer
jeleń

squirrel
wiewiórka

moose łoś	wolf wilk
raccoon szop pracz	owl sowa

eagle orzeł	rattle snake grzechotnik
skunk skunks	hedgehog jeż

beaver
bóbr

bat
nietoperz

badger
borsuk

bear
niedźwiedź

OCEAN
OCEAN

shark
rekin

whale
wieloryb

octopus
ośmiornica

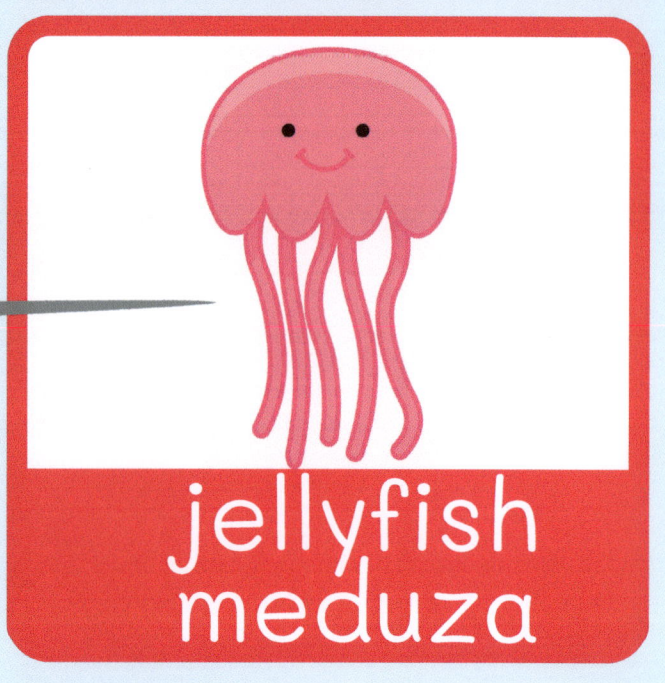

urchin jeżowiec	dolphin delfin
swordfish miecznik	jellyfish meduza

lobster homar	**seahorse** konik morski
angelfish skalar	**clownfish** błazenek

SHORE
WYBRZEŻE

crab
krab

sea turtle
żółw morski

starfish
rozgwiazda

gull
mewa

seal
foka

sea otter
wydra morska

clam
małż

SAVANNA
SAWANNA

rhino
nosorożec

zebra
zebra

hyena
hiena

mandrill / **mandryl**	**aardvark** / **mrównik**
warthog / **guziec**	**cheetah** / **gepard**

gazelle gazela	elephant słoń
giraffe żyrafa	buffalo bawół

vulture sęp	hippo hipopotam
meerkat surykatka	crocodile krokodyl

flamingo flaming	tiger tygrys
ostrich struś	lion lew

NORTH POLE
BIEGUN PÓŁNOCNY

penguin
pingwin

walrus
mors

polar bear
niedźwiedź polarny

reindeer reindeer	narwhal narwal
orca orka	snowy owl sowa śnieżna

JUNGLE
DŻUNGLA

chameleon
kameleon

sloth
leniwiec

parrot
papuga

monkey małpa	gorilla goryl
gecko gekon	toucan tukan

AUSTRALIA
AUSTRALIA

koala
koala

kangaroo
kangur

platypus
dziobak

kiwi kiwi	echidna kolczatka
wombat wombat	tasmanian devil diabeł tasmański

MAGICAL CREATURES
MAGICZNE STWORZENIA

dragon
smok

unicorn
jednorożec

yeti
yeti

Printed in Great Britain
by Amazon